नन्हा सूअर चला मां को ढूंढने

जानवरों के बच्चे

Published by Scholastic India Pvt. Ltd.
A subsidiary of Scholastic Inc., New York, 10012 (USA).
Publishers since 1920, with international operations in Canada, Australia, New Zealand, the United Kingdom, India, and Hong Kong.

For information regarding permission, write to:
Scholastic India Pvt. Ltd.
A-27, Ground Floor, Bharti Sigma Centre
Infocity-1, Sector 34, Gurgaon 122001 (India)

First edition: 2008

Reprint : December 2016, March 2019

ISBN-13: 978-81-8477-027-8

Printed at Sterling Graphics Pvt. Ltd., Manesar

नन्हा सूअर चला मां को ढूंढने

जानवरों के बच्चे

चित्रकार विवेकानंद रॉय घटक

हिन्दी अनुवाद नीलम भट्ट

SCHOLASTIC
New York Toronto London Auckland
Sydney New Delhi Hong Kong

एक नन्हा सूअर अपनी मां को ढूंढ रहा था।
वह एक खेत में पहुंचा। वहां उसे एक गाय दिखी,
जो चारा खा रही थी।
'मां?' उसने पुकारा।

गाय के बच्चे को बछड़ा कहते हैं।

‘यह तुम्हारी मां नहीं,’ गाय का बछड़ा बोला। ‘यह तो मेरी मां है।’

‘तुम तालाब के पास जाकर क्यों नहीं देखते?’ गाय ने कहा। ‘हो सकता है वहां तुम्हें अपनी मां मिल जाए।’

नन्हा सूअर तालाब के पास गया। उसे वहां
एक बत्तख तैरती हुई दिखाई दी।
'मां?' उसने पुकारा।

'यह तुम्हारी मां नहीं है,' बत्तख के बच्चे बोले। 'यह तो हमारी मां है।'

'तुम बड़े घर के पास जाकर क्यों नहीं देखते?' बत्तख बोली। 'हो सकता है तुम्हारी मां वहां मिल जाए।'

बत्तख के बच्चे को बत्तख का चूज़ा कहते हैं।

नन्हा सूअर बड़े घर की तरफ़ भागा। वहां कुछ
कुत्ते खेल रहे थे।
'मां?' वह बोला।

'यह तुम्हारी मां नहीं है,'
पिल्लों ने कहा।
'यह तो हमारी मां है।'

‘तुम जाकर अस्तबल में क्यों नहीं देखते?’ उनकी मां ने कहा। ‘हो सकता है तुम्हें अपनी मां वहां मिल जाए।’

घोड़े के बच्चे को
बछेड़ा कहते हैं।

नन्हा सूअर अस्तबल पहुंचा। वहां उसे घोड़े दिखाई दिए।

'मां?' उसने पुकारा।

'यह तुम्हारी मां नहीं है,' बछेड़ा बोला।

'यह तो मेरी मां है।'

'तुम जाकर मुर्गी के दड़बे में क्यों नहीं देखते?' घोड़ी ने कहा।

'हो सकता है तुम्हारी मां वहां मिल जाए।'

नन्हा सूअर मुर्गी के दड़बे में पहुंचा। वहां उसने अंडे सेती मुर्गी देखी।

'मां?' वह बोला।

मुर्गी के बच्चे को चूज़ा कहते हैं।

'यह तुम्हारी मां नहीं है,' चूज़ों ने कहा। 'यह तो हमारी मां है।'

'तुम पहाड़ी के पास जाकर क्यों नहीं देखते?' मुर्गी ने कहा। 'हो सकता है तुम्हें अपनी मां वहां मिल जाए।'

नन्हा सूअर पहाड़ी पर गया। वहां उसे भेड़ चरती दिखाई दी।

'मां?' उसने पुकारा।

'यह तुम्हारी मां नहीं है,' मेमने ने कहा। 'यह तो मेरी मां है।'

‘तुम जाकर फलों के बाग में क्यों नहीं देखते?’ उसकी मां ने कहा। ‘हो सकता है वहां तुम्हें अपनी मां मिल जाए।’

भेड़ के बच्चे को मेमना कहते हैं।

नन्हा सूअर बगीचे में गया। उसे वहां एक बकरी दिखाई दी, जो पत्ते खा रही थी।
'मां?' उसने कहा।
'यह तुम्हारी मां नहीं है,' मेमना बोला। 'यह तो मेरी मां है।'

‘तुम जाकर पुराने गैराज में क्यों नहीं
देखते?’ बकरी ने कहा।
‘हो सकता है तुम्हें अपनी
मां वहां मिल जाए।’

बकरी के बच्चे को
मेमना कहते हैं।

नन्हा सूअर पुराने गैराज में गया। उसे वहां ऊंघते हुए उल्लू दिखाई दिए।
'मां?' उसने पुकारा।

'यह तुम्हारी मां नहीं है,' खूसट बोले। 'यह तो हमारी मां है।'

'तुम जाकर रसोईघर में क्यों नहीं देखते?' मादा उल्लू बोली। 'हो सकता है तुम्हें अपनी मां वहां मिल जाए।'

उल्लू के बच्चे को खूसट कहते हैं।

छोटा सूअर रसोईघर में गया। उसे वहां दूध पीती बिल्ली दिखाई दी।

'मां?' उसने कहा।

'यह तुम्हारी मां नहीं है,' बिलौटे बोले। 'यह तो हमारी मां है।'

'तुम सूअर के बाड़े में जाकर क्यों नहीं देखते?' बिल्ली ने कहा।
'हो सकता है तुम्हें अपनी मां वहां मिल जाए।'

बिल्ली के बच्चे को बिलौटा कहते हैं।

नन्हा सूअर बाड़े में गया। उसे वहां बहुत से सूअर दिखाई दिए।

'मां!' उसने कहा।

'तो तुम मिल गए!' मादा सूअर बोली। 'कहां चले गए थे मेरे बच्चे?'

‘मैं आपको ढूंढ रहा था,’ नन्हा सूअर बोला।
‘और मैं तुम्हें खोज रही थी,’ नन्हें सूअर की मां ने कहा।

सूअर के बच्चे को घेंटा कहते हैं।

चित्रकार के बारे में

विवेकानंद रॉय घटक नेशनल इंस्टिट्यूट ऑफ डिज़ाइन, अहमदाबाद के स्नातक हैं। एनिमेशन फिल्म डिज़ाइन में इन्हें विशेषज्ञता प्राप्त है। मुख्य तौर पर टेलीविज़न के लिए एनिमेशन कार्य में लगे घटक एक प्रीस्कूल टीवी कार्यक्रम के एनिमेशन निर्देशक के रूप में काम कर चुके हैं। वे अपनी शॉर्ट एनिमेशन फिल्म पर भी काम कर रहे हैं।